V

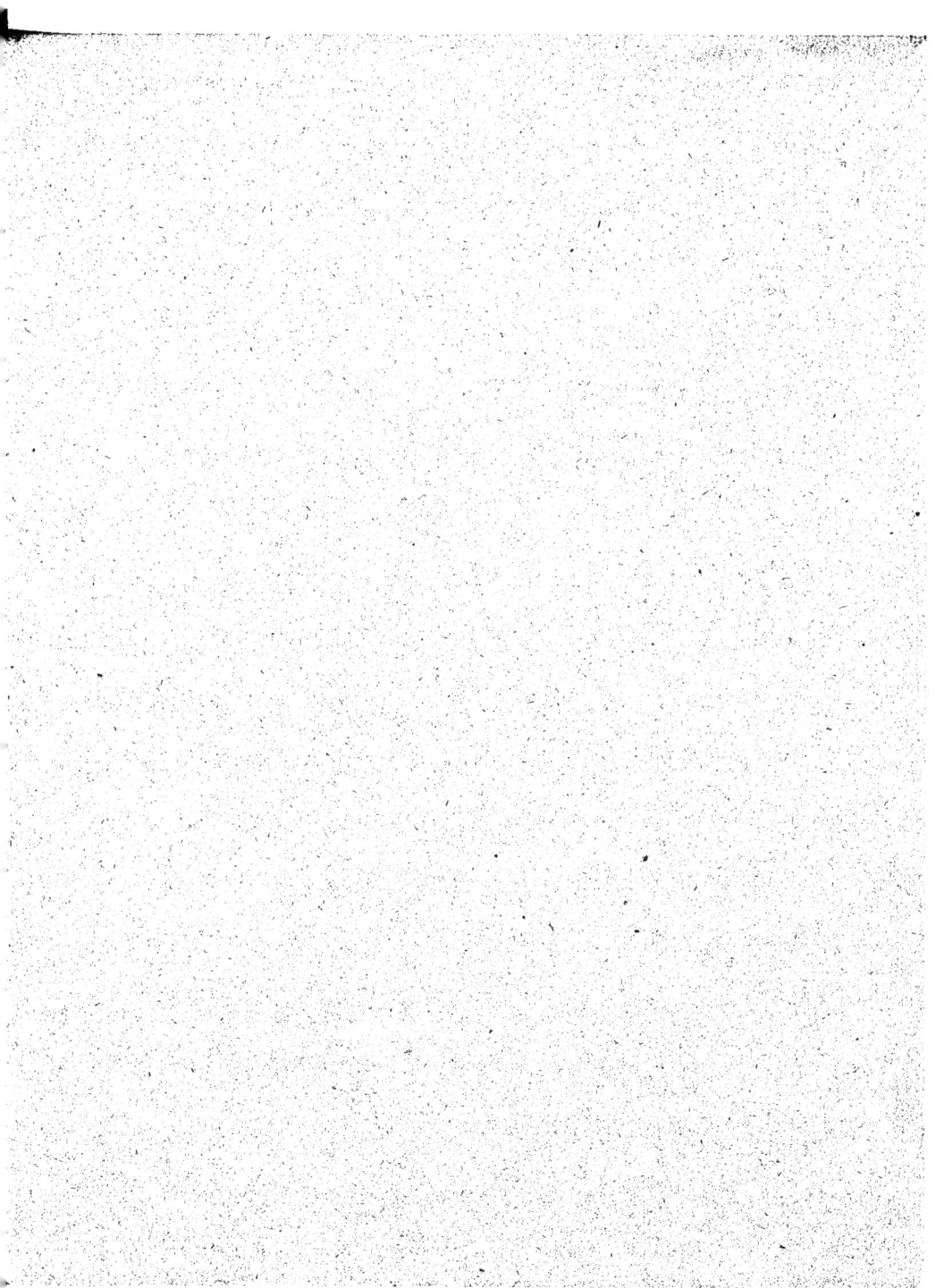

V

Ⓒ

14240

ESSAI

SUR

L'ART DE LA GUERRE

PAR

ÉDOUARD DUSAERT

CAPITAINE D'ARTILLERIE, ANCIEN ÉLÈVE DE L'ÉCOLE POLYTECHNIQUE

CARTES POUR L'INTELLIGENCE DU TEXTE

3 VOLUMES IN-8° ET CARTES, PRIX: 23 FRANCS

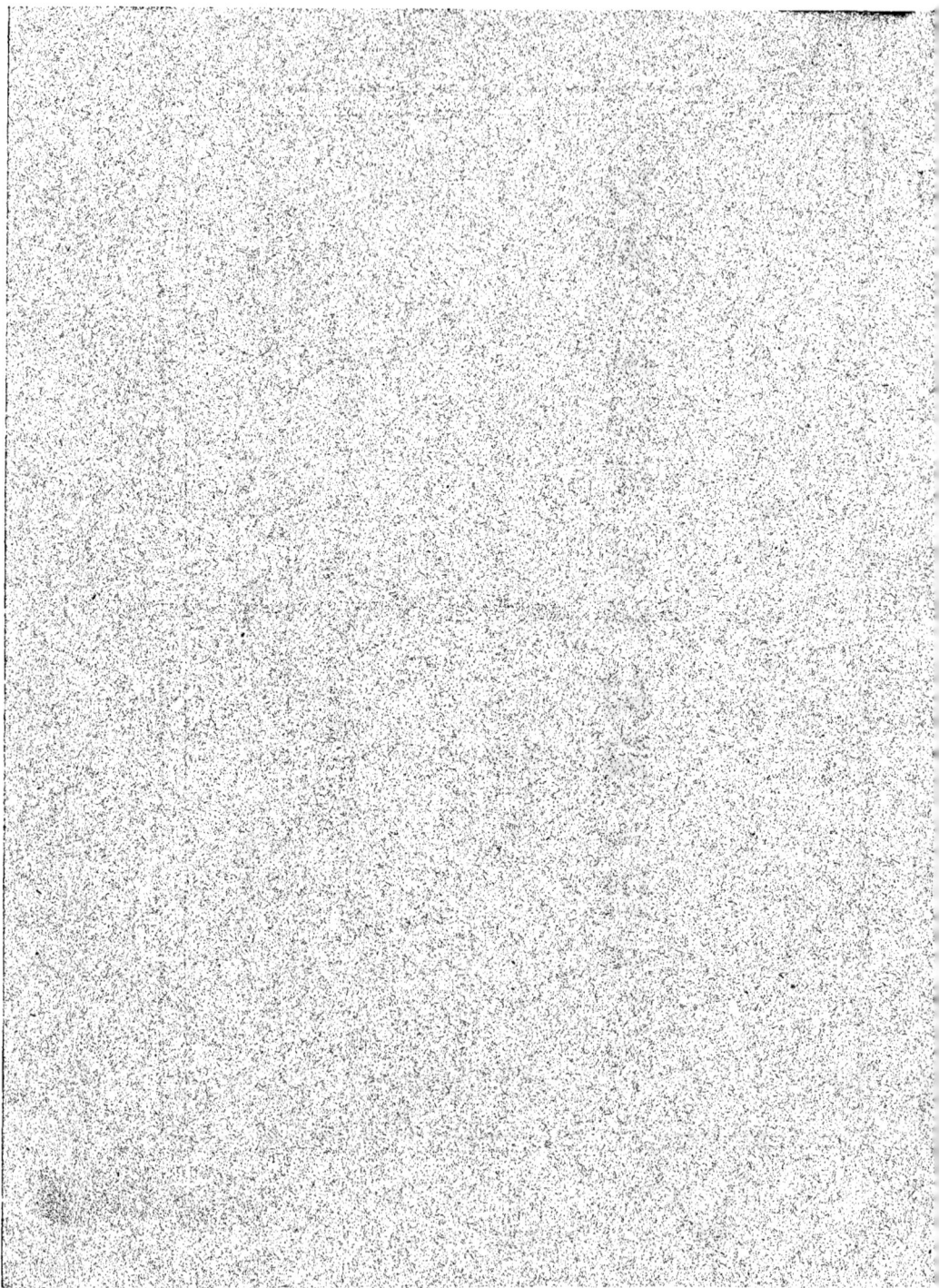

PIÉMONT ET LOMBARDIE.

CARTE N°1.

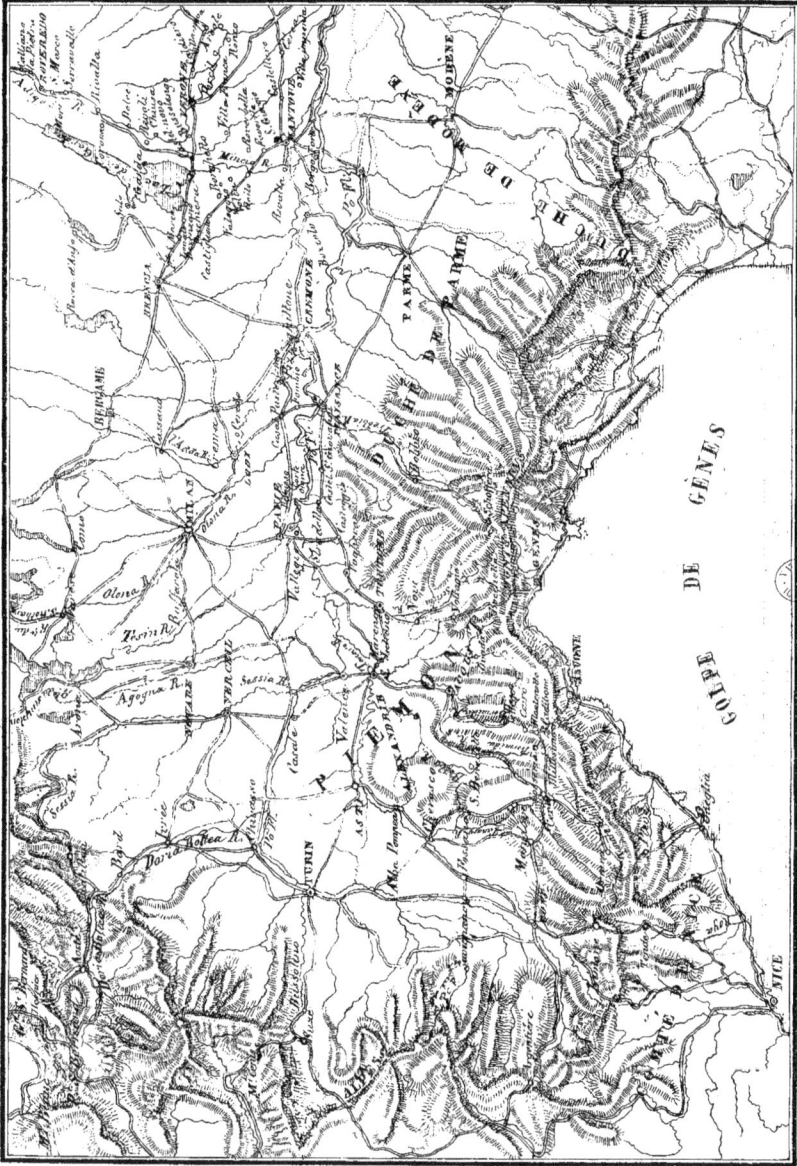

GOLFE DE GÈNES

DUCHÉ DE PARME

DUCHÉ DE MODÈNE

PIÉMONT

BERGAME

MILAN

TURIN

NICE

Dessiné par Henry sculpt d'Art.

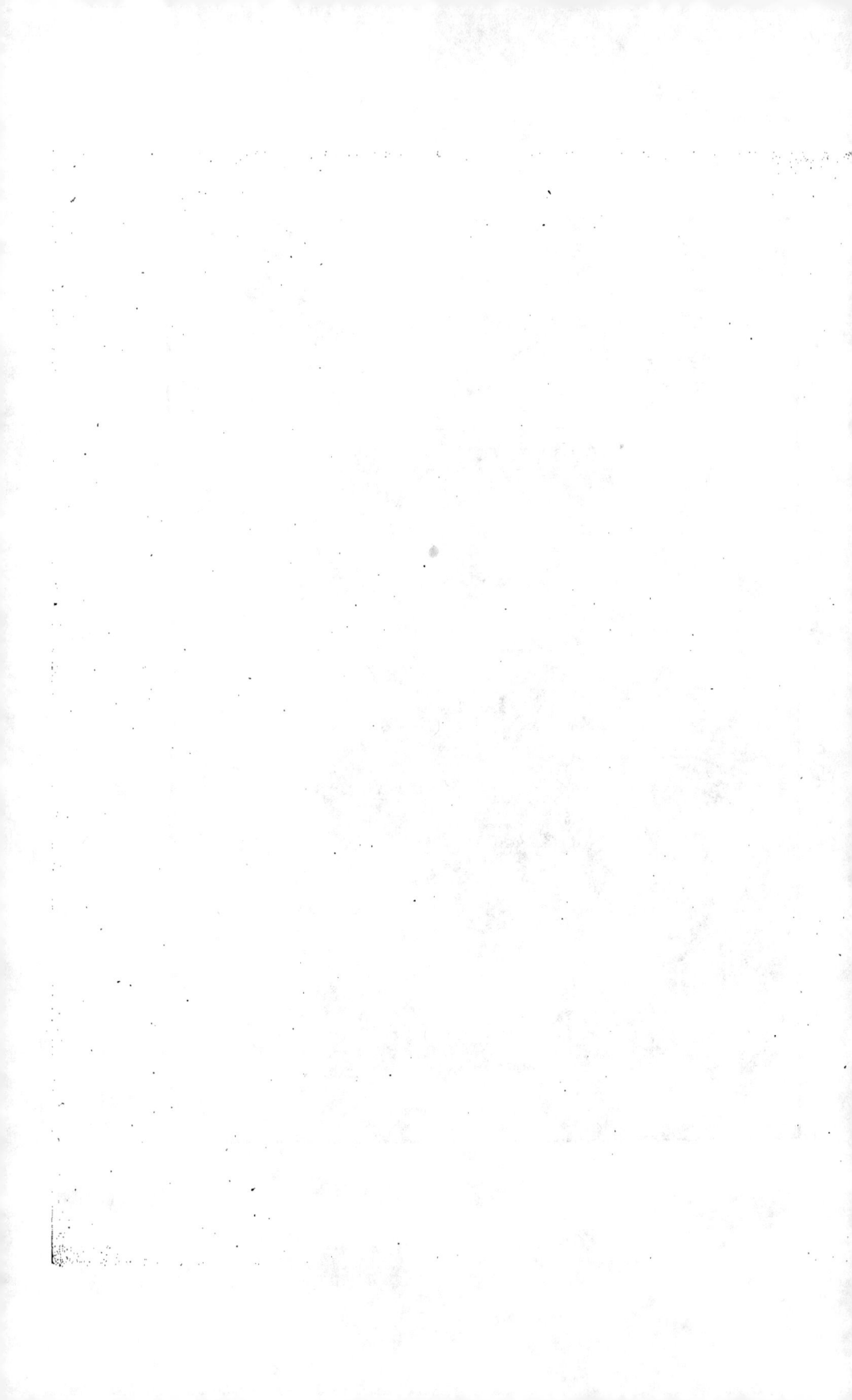

ÉTATS DE VENISE, TYROL ET CARINTHIE.

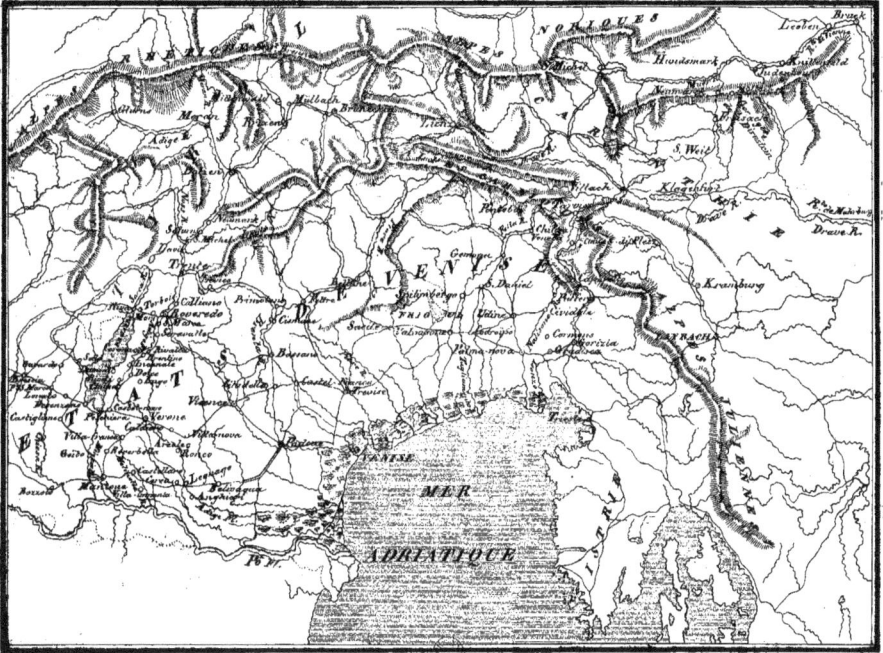

Dessiné par Henry, sergt d'Arté

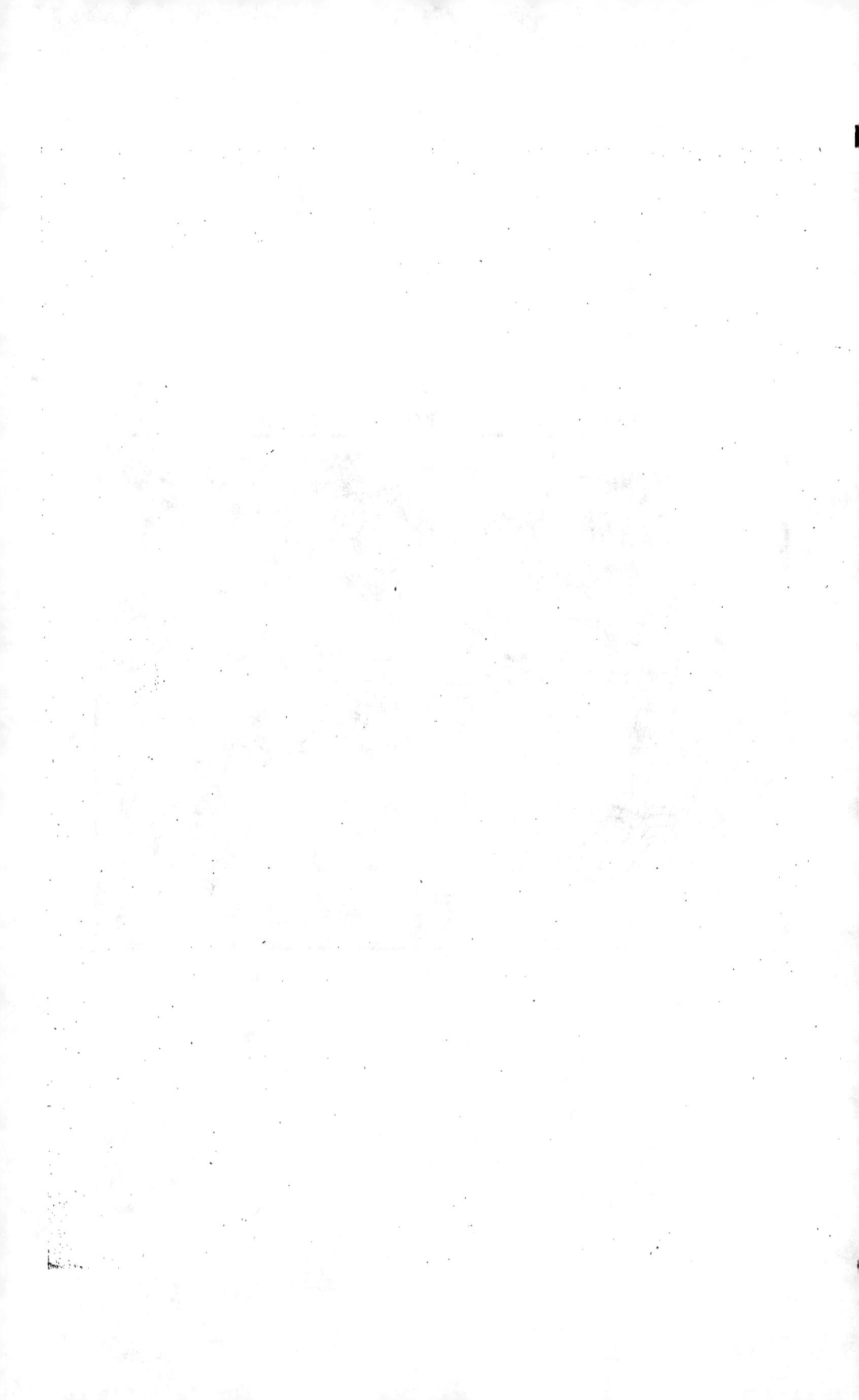

MANTOUE, CASTIGLIONE.   ARCOLE.   CARTE N: 5

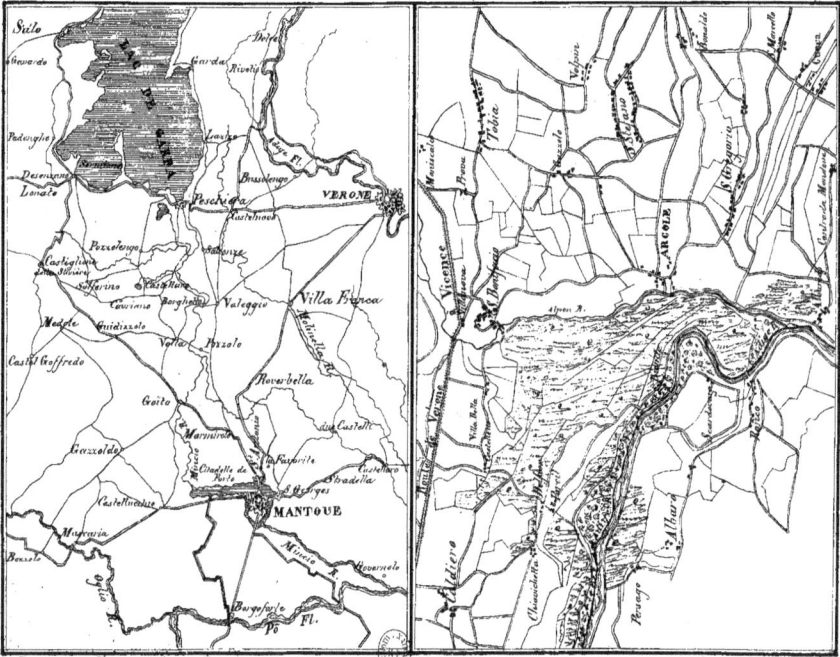

Dessiné par Henry serg.t d'Art.ie

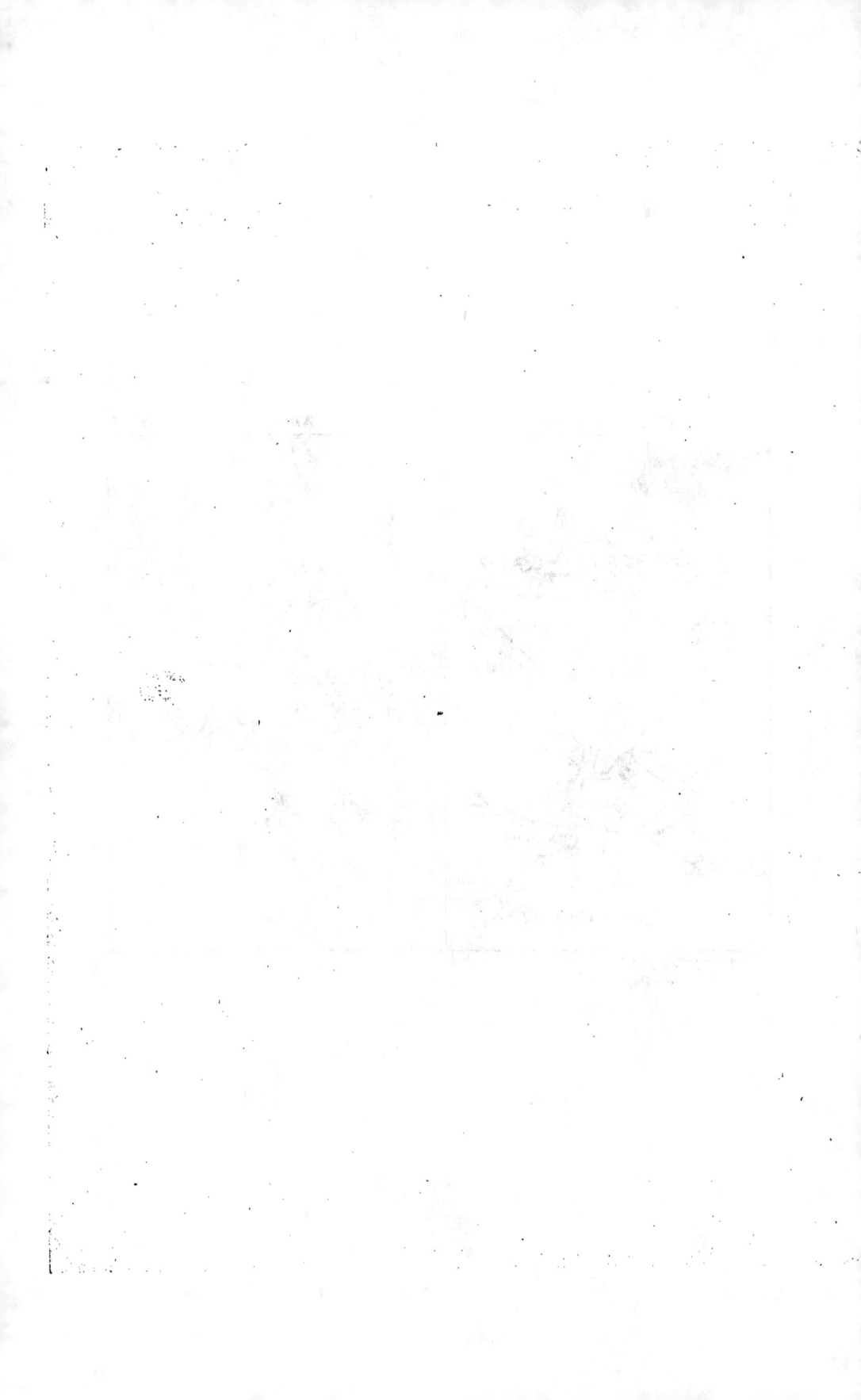

MARENGO.   RIVOLI.   CARTE Nº 4

MARENGO.

ALEXANDRE

RIVOLI.

LAC DE GARDE

Dessiné par Henry serg.t d'Art.ie

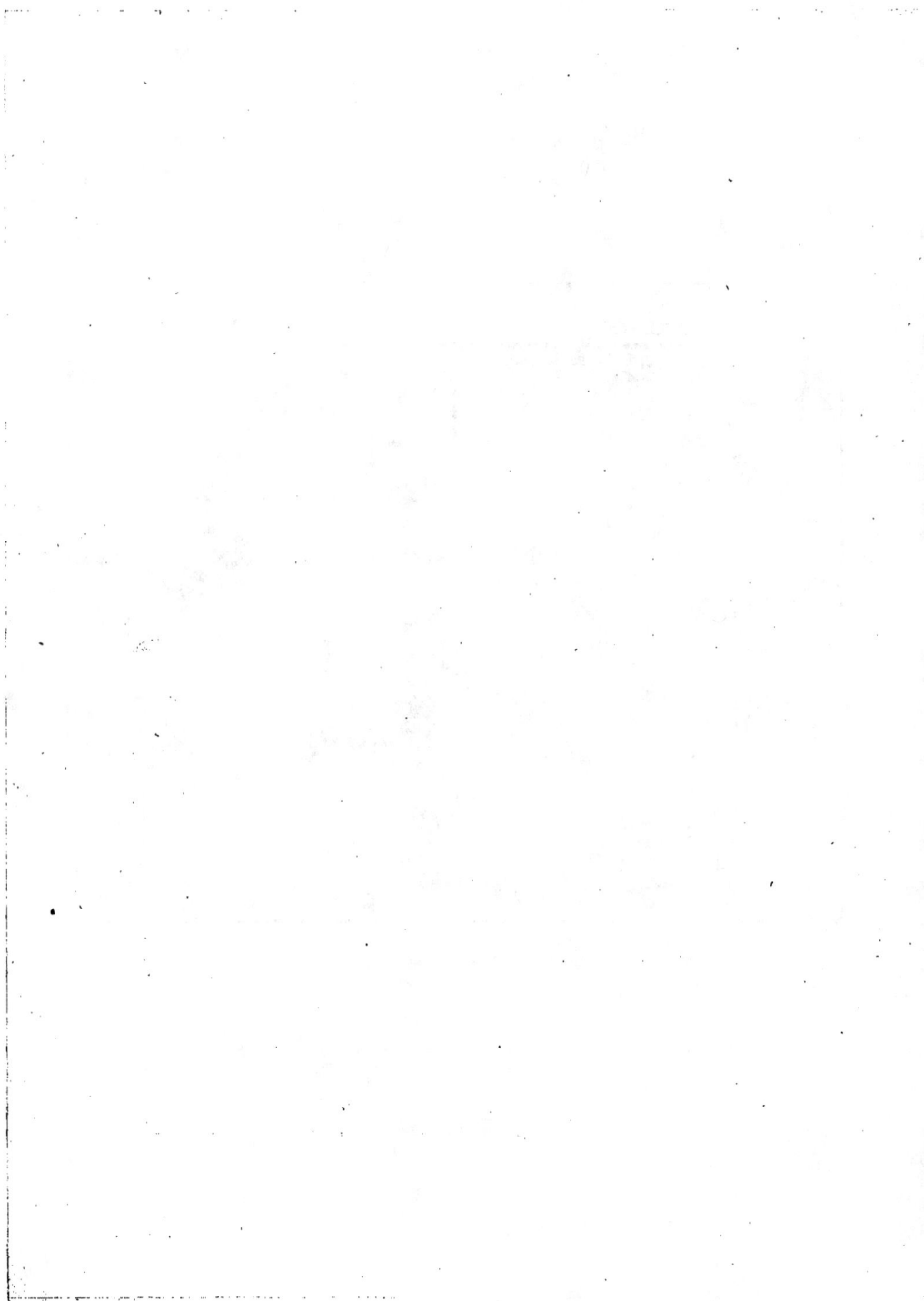

PAYS ENTRE STRASBOURG ET VIENNE.

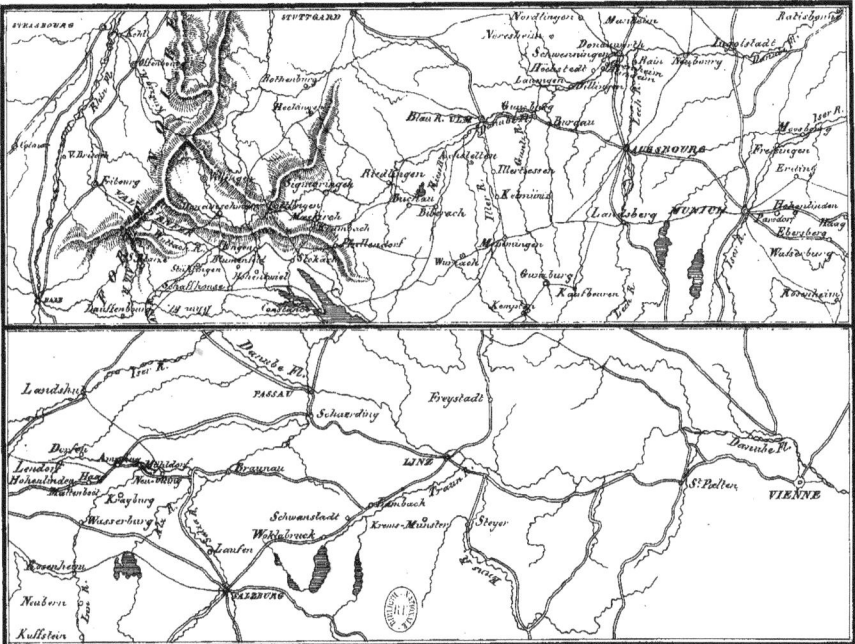

Dessiné par Henry Serg.ᵗ d'Art.ᵉ

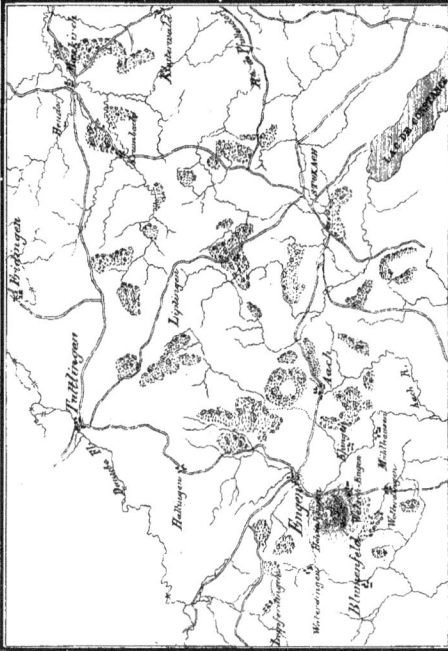

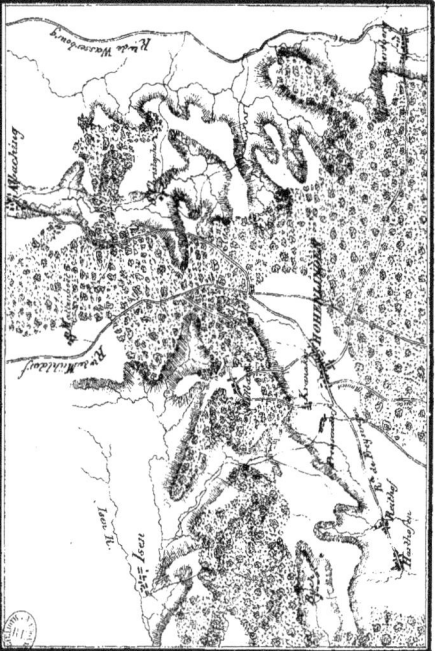

Dessiné par Henry sergt. d'Artie.